This Notebook Belongs To

____

www.ingramcontent.com/pod-product-compliance
Lightning Source LLC
LaVergne TN
LVHW060209080526
838202LV00052B/4209
* 9 7 8 2 8 3 2 8 4 9 1 4 9 *